Eva Pollini

GANZ NIZZA
UND UMGEBUNG

160 farbige Illustrationen

© Copyright 1993 by Casa Editrice Bonechi, via Cairoli 18/b - 50131 Florenz - Italien - Tel. 55/576841 - Telex 571323 CEB - Fax 55/5000766
Alle Rechte vorbehalten. Jeglicher Nachdruck, auch auszugsweise, ist untersagt.
Druck in Italien: Centro Stampa Editoriale Bonechi.
Übersetzung: Evi Kolfer
Fotografien von: Luigi di Giovine
Vetrieb: OVET-PARIS -13, Rue des Nanettes - Telex 240369 VET

EIN BLICK ZURÜCK

Alte schriftliche Überlieferungen (Polybius, Stradon) berichten davon, daß im 6. Jahrhundert v. Chr. die phokäischen Kolonien, die auch Marseilles (Massalia) gegründet hatten, der Küste entlang einen Verteidigungswall errichteten, wovon sich einer dieser Brückenköpfe Nikaia nannte, um sich gegen die benachbarten Liguren und die Alpenvölker zu schützen. Keine Überlieferung bestätigt aber, daß die Ureinwohner Marseilles diesen Ort nach einem über die Etrusker siegreichen Schiff benannten, wie man aus dem griechischen Wort Nike - Sieg ableiten könnte. Glaubwürdiger hingegen erscheint die Annahme, daß Nikaia die griechische Übersetzung des ursprünglich ligurischen Ortsnamen ist; tatsächlich taucht der Name Nizza des öfteren in Ligurien und im Piemont auf. Die griechische Siedlung beschränkte sich auf den heutigen Strand von Ponchelles im Westen des Burgfelsens, breitete sich aber kontinuierlich bis zur Ebene, die von den beiden Flußarmen des Paillon gebildet wird, aus.

Die Gallien erobernden Römer bevorzugten das sich unweit von Nizza befindliche Cemenelum, ligurischen Ursprungs, das unter Augustus zum Verwaltungssitz und zum Militärhauptstützpunkt der Alpes-Maritimes ausgebaut wurde, und wo zur Verteidigung der Julius-Augustus-Straße, die nach Spanien führte, eine militärische Garnison stationiert war. Nikaia war nur noch als eine in den Diensten Cemenelums stehende Hafenstadt von Bedeutung und diente den römischen Schiffen als Anlagestelle. Damit lassen sich auch die verhältnismäßig spärlichen Funde aus der Römerzeit, die sich auf die Zone um die Kathedrale beschränken, erklären. 1875 wurde eine Totenstätte und eine rechteckige, von einem Tonnengewölbe überdachte Zisterne aus dem 2. Jahrhundert n. Chr. freigelegt. Cemenelum und Nizza durchliefen weiterhin eine voneinander unabhängige Entwicklung, was in den Anfängen des Christentums zur Bildung zweier eigenständiger Bischofssitze führte. Erst im Mittelalter verlor Cemenelum wieder an Bedeutung. Nizza konnte an Land und somit auch an Einfluß gewinnen. Mitte des 12. Jahrhunderts ließ sich in Nizza, das sich unter politischen Gesichtspunkten zu einer autonomen Stadt entwickelt hatte, ein wirtschaftlicher Aufschwung erkennen. Es kam zu einem besonders regen Seehandel mit den italienischen und provenzalischen Städten. Der Einfluß Genuas - zwischen den beiden Städten herrschte lebhafter Austausch, und es kam zu häufigen Zusammenkünften, nicht nur rein wirtschaftlicher Natur - war deutlich spürbar. Nizza wurde zum Streitobjekt zwischen der mächtigen Seerepublik Genua und dem Herzogtum der Provence. Der Sieg der Provence hatte den Anschluß Nizzas an das Herzogtum zur Folge, wobei die Stadt vollständig auf seine Selbständigkeit und auf jeglichen Kontakt zu Genua (1229-30) verzichten mußte. Der im Laufe der Zeit von den Anjou geleistete Schutz führte zu einer besonderen Festigung der Stadt. Es wird auch angenommen, daß Nizza in dieser Zeit die Funktion eines Verbindungsgliedes zwischen Süditalien, unter der Herrschaft der Anjou, und der Provence innehatte. Die Regierung Johannas bedeutete für Nizza den Anfang besonders unruhiger Zeiten: die Straßen wurden von bewaffneten Banden unsicher gemacht; auf dem Seewege herrschte ständige Angst vor Piratenüberfällen. Der Tod der Königin leitete einen neuen Abschnitt der Geschichte

Nizzas ein, und zwar den Anschluß an das Haus Savoyens. Amadeus VII. nahm mit der Eroberung Nizzas die Gelegenheit war, für sein, von Gebirge umschlossenes Land, einen Zugang zum Meer zu gewinnen. Es gelang ihm, die Erbfolgestreitigkeiten zwischen Louis d'Anjou und Charles de Duras (1388) für sich auszunützen, und er bewirkte mit der Hilfe des Statthalters von Nizza, Jean Grimaldi, die Trennung Nizzas von der Provence. Dann wurde Nizza Zankapfel zwischen Frankreich und Savoyen und wurde in eine Folge von Kriegen, Belagerungen und Angriffen verwickelt. 1543 wurde es sogar von französisch-türkischen Truppen belagert. Der Volksmund erzählt, daß die Verteidigung Nizzas auf die Initiative der Wäscherin, Catherine Ségurane, zurückgeht, die ihre Mitbürger zum Widerstand gegen die türkischen Truppen aufforderte und ihnen dabei mit energischen Hieben der Streitaxt voranging. Auf das verheerende Blutbad und die Zerstörungen des Krieges folgte 1631 eine schreckliche Pestepedemie, die sechs Monate in der Stadt herrschte und von der Bevölkerung zahlreiche Todesopfer forderte. Erst Mitte des 18. Jahrhunderts fanden die zahlreichen, verschieden ausgehenden Kriege ein Ende, als Nizza endgültig durch das Friedensabkommen von Aix la Chapelle (1748) dem Herzog von Sardinien, dem nunmehrigen König, zugesprochen wurde. Nach der Französischen Revolution forderte Nizza den Anschluß an die junge Republik (1792), der auch gewährt wurde. Im Zuge der Italienfeldzüge Napoleons übte Nizza eine bedeutende strategische Funktion aus. Erst 1814, nach dem Untergang des napoleonischen Kaiserreichs kam Nizza wieder unter die Herrschaft des Königs von Sardinien. Mit dem zwischen Napoleon III. und Viktor-Emanuel II. abgeschlossen Friedensabkommen von Turin (1860) wurde Frankreich, für seine dem König von Sardinien geleistete Unterstützung im Krieg gegen die Österreicher, Nizza und Savoyen zugesprochen.

Es bedarf keiner weiteren Erwähnung, daß ein solcher Anschluß durch einen fast einstimmigen Volksbeschluß verabschiedet wurde.

In Nizza, das in der Vergangenheit bereits zahlreiche Veränderungen und Ausbauten erfahren hatte, zeigte sich um 1860 eine beachtliche Entwicklung hin zu einem Ferien- und Kurort.

Wenn Nizza auch früher schon, bis in die Anfänge des 19. Jahrhunderts, zahlreiche Touristen angezogen hatte, die hier aufgrund des angenehmen und milden Klimas die Wintermonate verbringen wollten, so stieg deren Zahl erst recht nach dem Anschluß an Frankreich. Nizza hatte viel zu bieten, im besonderen das Prestige des Kaiserreichs Napoleons III. und das der französischen Krone neue, unbekannte Landschaftsbild. Nicht ungenannt sollte aber die Tatsache bleiben, daß es sich vorallem um einen Luxustourismus handelte, der einem gehobenen Bürgertum und wohlhabenden Adeligen, sowie Persönlichkeiten der Kunst- und Kulturwelt vorbehalten war. Die ausländischen Gäste konnten bei der Buchhandlung Visconti, die sich zu einer Stätte der Zusammenkunft entwickelte, ständig Zeitungen aus allen Teilen der Welt vorfinden. Hier wurden Diskussionen, Treffen und künstlerische Veranstaltungen jeglicher Art abgehalten.

H. Berlioz zeigte für die Sonne und das Klima Nizzas eine besondere Vorliebe. Hier komponierte er seine "Corsaire", erkrankte aber auch an einem Leiden, das später zu seinem Tod führen sollte. Der Schriftsteller Prosper Merimée verbrachte auch einige Jahre seines Lebens in Nizza, um eine Lungenkrankheit auszukurieren, gestand aber, daß er dieser großen Menschenmengen, dieser mondänen Lebensart und des wirren Treibens von Nizza überdrüssig sei. Guy de Maupassant hingegen beschrieb Nizza mit ironischen Worten wie: "Krankenhaus der Welt", "Vorzimmer des Todes", "Blühender Friedhof des adeligen Europas". Unter dem Zweiten Kaiserreich erlebte Nizza den Höhepunkt des mondänen Lebens. König, Königin, Prinzen verbrachten hier einige Zeit des Jahres und Nizza bildete sich zu einem kosmopolitischen Zentrum, zur Hauptstadt der gehobenen Gesellschaft heran.

Den wohl größten ausländischen Anteil der Bevölkerung stellten die Engländer. Ihnen verdankt man auch die Gründung eines neuen Stadtteils, des Croix de Marbre, westlich des Paillon, da sie es vorzogen, sich außerhalb der Stadt niederzulassen.

Der augenfälligste Hinweis auf ihre Präsenz in Nizza ist die "Promenade des Anglais", die heute zu einem Sinnbild der Stadt geworden ist. Die Entwicklung der ehemaligen Festungsstadt zu einem mondänen Saisonort, und besonders die regen und belebten Jahre der Belle-Epoque ließen Nizza, sehr zum Nachteil seiner früheren Traditionen und seines ursprünglichen Stadtbildes, zu einer Stadt von internationalem und kosmopolitischem Ruf werden. Im Laufe der Zeit gelang es Nizza aber, zu seiner wahren regionalen Identität zurückzufinden und die sie in der Vergangenheit kennzeichnenden, gegensätzlichen Züge zu einer harmonischen Einheit zu verschmelzen. Beachtlich war auch die Bereicherung auf kulturellem Gebiet, wie die 1933 unter anderen auch vom Poeten und Schriftsteller Paul Valéry hervorgerufene Gründung des Universitätszentrums des Mittelmeeres, die Umgestaltung des Palais Lascaris in ein prächtiges Museum, die Einrichtung zahlreicher, wichtiger Stadtmuseem. Nizza blieb aber weiterhin ein bedeutendes Touristenzentrum, und die großartigen Hotelkomplexe ließen es zu einem gern gewähltem Zentrum von Kongressen und internationalen Treffen werden.

Abgesehen von der in der Stadt herrschenden Hektik, vom Treiben der zahlreichen Touristen, ist auch heute noch etwas von jener Stimmung des "Douceur de Vita" spürbar, derentwegen Nizza als so lebenswert empfunden wurde.

Blick auf Nizza mit der Bucht von Anges.

DAS PANORAMA

Das vom heutigen Besucher aufgenommene Panorama unterscheidet sich nicht wesentlich von jenem, das auch den Dichter Theodor de Banville, Mitte des 19. Jahrhunderts, sosehr beeindruckte. Er beschrieb mit größter Begeisterung die intensiven Farben des Meeres, die Ruhe austrahlende, fast verzauberte Stimmung: "Es gibt nichts Wunderbareres als dieses Schauspiel, das sich vor unseren Augen ausbreitet. Hier das saphirgrüne Meer, dort, auf der gegenüberliegenden Seite der Hafen von Lympia, und überall die wie ein Amphitheater angeordneten Berge. Über uns das gleißende, nur von einigen Wolken durchbrochene Licht des blauen Himmels.

Mich umgibt Ruhe, Frieden und ein angenehmer Duft; ich frage mich, ob es wohl je möglich sein wird, für immer hier zu bleiben. In Nizza haben Natur- und Stadtleben zueinander gefunden, fast als ob sie einen Geheimbund geschlossen hätten; weder Vegetation noch Meer noch Himmel werden von den menschlichen Bauten verdeckt. Alles scheint harmonisch aufeinander abgestimmt zu sein".

Nizzas Farbenpracht faszinierte auch den deutschen Philosophen Friedrich Nietzsche, der aufgrund seiner Krankheit zu langen Aufenthalten an der Riviera gezwungen war. In einem an seine Schwester gerichteten Brief bedauerte er es sehr, daß er diese Farben nicht für sie pflücken und sie ihr senden kann, damit sie sich ein Bild von dieser himmlischen, durchsichtig erscheinenden, wie durch ein Silbersieb gegangenen Pracht machen könnte. Er spricht auch von einem gewissen "Afrikanismus", von typisch afrikanischen Landschaftselementen, die sich hier in Nizza frei entfalten können, wie sie die Farbenvielfalt, Pflanzenwelt und die absolute Lufttrockenheit darstellen.

Englische Promenade.

LA PROMENADE DES ANGLAIS

Von Alexander Dumas Vater, dem Autor der berühmten "Drei Musketiere", ist eine sehr treffende Beschreibung Nizzas aus seiner Zeit (1941) überliefert. "Nizza besteht eigentlich aus zwei Stadtteilen: dem alten und dem neuen Nizza, bzw. dem italienischen und dem englischen Nizza. Das italienische Nizza, das an den Hügeln der Stadt errichtet wurde, mit seinen geschmückten und bemalten Häusern, den Marienstatuen an den Wegkreuzungen und seiner italienischen Bevölkerung, die teilweise noch sehr malerisch anmutende Kleidung trägt. Das in einer Marmorperipherie gelegene englische Nizza mit seinen geradlinigen, rechtwinklig angelegten Straßen, den weiß gekalkten Häusern mit den in der Regel offenstehenden Fenstern und Türen und seinen mit Sonnenschirm, Schleier und grünen Stiefeln ausgerüsteten Bewohnern, die mit 'yes' antworten".

Dann vermerkte er mit einiger Ironie den ungefähren Zustrom der Engländer in Nizza: "Für die Bewohner Nizzas sind alle Touristen Engländer, und alle, ohne Ausnahme werden mit 'Milord' angesprochen". ("Ein Jahr in Florenz", Paris 1841).

Im Jahre 1822 wurde auf Initiative des britischen Pastors, Lewis Way, der lange, schlammige Küstenstrich, den die Engländer für ihre Spaziergänge bevorzugten, wo sie zusammenkamen und die Sonne genossen in eine bescheidene, an Regentagen fast unbenutzbare Straße umgewandelt. 1854 erfolgte ein

Verschiedene Aufnahmen der Promenade. Links: Hotel Negresco.

Die Promenade.

Ansicht des Kasino Rühl.

weiterer Ausbau, wobei man aber auch zum ersten Mal von der Promenade des Anglais sprach. Die Zeitungen der Epoche berichteten vom geschäftigen Treiben der Fuhrwerke und vom regen Auf und Ab der Pferde und Droschken.

In den Jahren 1929-30, erfuhr die Stadt einen großen Ausbau, von dem natürlich auch die Promenade, die den Bedürfnissen des ständig anwachsenden Verkehrs angepaßt werden mußte, betroffen wurde. Heute hat die Promenade, die die Hauptverkehrsader zwischen den beiden sich gegenüberliegenden Stadtteilen bildet, eine Breite von 45 m mit einem Mittelstreifen, der sich aus Palmen und Oleandersträuchern zusammensetzt.

Im Laufe der Zeit wurden am Meer, entlang der Promenade, zahlreiche Privatvillen und Hotels errichtet, und wenn man heute einen Spaziergang in dieser Gegend macht, fühlt man sich ganz in die Belle-Epoque zurückversetzt, denn der Zauber und Prunk des letzten Jahrhunderts scheint unverändert zu sein.

Das im Jahre 1912 eingeweihte Hotel Negresco konnte gekrönte Häupter, Persönlichkeiten aus Politik, Kunst- und Theaterwelt, von der Königin Elisabeth II. bis Winston Churchill, von Arthur Rubinstein bis Charlie Chaplin und Maria Callas zu seinen Gästen zählen.

HOTEL NEGRESCO

Der bekannteste Bau der Promenade ist das Hotel Negresco, das seit 1974 als geschichtliche Sehenswürdigkeit angesehen wird. Es wurde 1912 im Auftrag des rumänischen Violinspielers, Heinrich Negresco, als Unterkunft für adelige und wohlhabende Gäste errichtet. Der niederländische Architekt, Edwart Niermans, folgte mit diesem Bau vollständig dem damaligen Zeitgeschmack, d.h. es entstand ein wuchtiger, nicht zu übersehender Komplex mit eher schwer wirkenden Dekorationen. In den dem 2. Weltkrieg vorangehenden Jahren mußte Nizza auf dem Gebiet des Tourismus schwere Krisen durchstehen. Während viele der angesehenen Hotels in dieser Zeit gezwungen waren, ihre Tore zu schließen, gelang es dem Negresco, wie durch ein Wunder, diesem Schicksal zu entgehen, und es konnte weiterhin den Prunk und

Der Architekt Niermans, von dem die Pläne zum Hotel stammen, entwarf weiters auch Baupläne für Vergnügungs- und Theaterstätten, wie z.B. das Moulin Rouge in Paris.

den Luxus, der für dieses Hotel kennzeichnend ist, aufrechterhalten. Besonders die Innenräume des Negresco spiegeln die für die Jahrhundertwende typische Freude an einer reichen, kosmopolitischen Umgebung wider. Die Innenräume sind mit Stuckdekorationen geschmückt; aus der Belle-Epoque stammendes Mobiliar und farbiger Samt bereichern die Innenausstattung. Es entsteht unwillkürlich der Eindruck, daß hier die Zeit stillzustehen scheint.

Photo Hôtel Negresco

Ansicht des Salon Royal, ein Meisterwerk Niermans mit ovalem Grundriß, verglaster Decke, Marmorkolonnen und Gemälden aus der französischen Schule des 17. Jahrhunderts. Der Kristalluster aus Bakkarat hat ein Gewicht von einer Tonne.

Details des Salon Royal.

Ansicht des Salons Ludwigs XVI. mit eindrucksvollem Steinkamin und fein gearbeiteten Wandteppichen. Alle Räume des Hotels Negresco sind mit antiken Stücken, Arbeiten von berühmten Künstlern, wie Keramikarbeiten von Picasso und Zeichnungen von Chagall und Cocteau ausgestattet.

Photo Hôtel Negresco

Auf dieser Seite, Gesamtansichten der Küste von Nizza, die man von der Panorama-Terrasse aus genießen kann (unten rechts). Auf den folgenden Seiten einige Bilder des überfüllten Strandes.

DIE HERRSCHAFTLICHEN WOHNSITZE

Die ausländischen Bewohner Nizzas, die die Stadt zu ihrem ganzjährigen Aufenthaltsort gewählt hatten, schlossen sich zu einer wahren Gemeinschaften zusammen. Sie trafen sich in den Salons der Villen, und es bildeten sich allmählich mondäne und intellektuelle Zirkel, wie jener der Madame Rattazzi, der Nichte Lucien Bonapartes.

Von dem für das Ende des 19. Jahrhunderts kennzeichnenden Luxus und der von der Gesellschaft an den Tag gebrachten Eleganz zeugen Bauten wie die teilweise sehr extraverganten Villen. Graf Chambrum zum Beispiel ließ sich 1879 in Nizza vom Architekten Randon, ein von ihm erworbenes, an Bäumen und Pflanzen reiches Land, zu einem Park ausbauen. Darauf wurde dann der sich an das Vorbild des Sibyllentempels von Tivoli haltende Pavillon aus Carraramarmor errichtet. An der Nummer 105 der Promenade lassen sich noch die gemeißelten Karyatiden der Fassade der Neptunsvilla erkennen. Eine dieser Karyatiden stammt von A. Rodin, der 1878 nach Nizza kam und sich in einem Brief voller Begeisterung über Nizza zeigte: "Ich arbeite mit Freude an meiner Karyatide, das Meer vor Augen, das durch nichts, außer vielleicht von Loorbeerblüten, südländischen Bäumen oder Kakteen verdeckt wird".

Eine der ältesten Villen der Promenade ist die *Villa Grandis*, die 1813 von der Bürgerin Pauline Bonaparte bewohnt wurde und später in den Besitz der Bankiers Carlone überging.

Elegante und charakteristische Fassaden der herrschaftlichen Villen an der englischen Promenade.

◄ *Außenaufnahme des Masséna-Museum.*

Anton Canova - Marmorbüste von André Masséna.

Napoleon in den Gewändern eines römischen Imperators - Nachbildung eines Werkes von Antoine-Denis Chaudet.

MUSEUM MASSENA

André Masséna (1758-1817) tat sich als einer der tüchtigsten Generale der napoleonischen Armee hervor und folgte Napoleon auf allen seinen Feldzügen. Dieser ernannte ihn zum Marschall von Frankreich, zum Herzog von Rivoli (anläßlich der gleichnamigen Schlacht hatte sich Masséna besonders bewährt) und bezeichnete ihn, als einen von Mutter Sieg besonders bevorzugten Sohn Frankreichs; dabei berief er sich auf seine Geschicklichkeit und sein Glück als General.

An der Promenade befindet sich auch das *Museum Masséna*, das im Auftrag seines jüngsten Sohnes Viktor Ende des 19. Jahrhunderts, zwischen 1899-1902, nach dem Vorbild der sich in Gavone, Piemont, befindlichen Villa Lucien Bonapartes errichtet wurde. Viktor, Abgeordneter der Alpes-Maritimes im französischen Parlament, genoß es besonders, die Wintermonate in Nizza zu verbringen und auserwählte Gäste in seiner Villa zu empfangen. Gemäß dem Willen seines Sohnes André wurde die Villa 1919 der Stadt mit der Auflage vermacht, das Gebäude als geschichtliches Stadtmuseum Nizzas zu verwenden und die Gärten der Öffentlichkeit zur Verfügung stellen. Das

◄ Salon mit Empiremöbeln.
Von besonderem Interesse sind die geschnitzten und vergoldeten Türen.

Fragmente des Gemäldes St. Margarethe, das Louis Bréa zugeschrieben wird und das Gemälde St. Bernhard aus Lucéram.

Hl. Jungfrau mit musizierenden Engeln aus dem 15. Jahrhundert. Die Arbeit wird Martin de Sora zugeschrieben.

Reliquiar ''Friedenskuß''. Wertvolle Silberschmiedarbeit mit Email, Anfang des 16. Jahrhunderts, aus der Kathedrale St. Reparata.

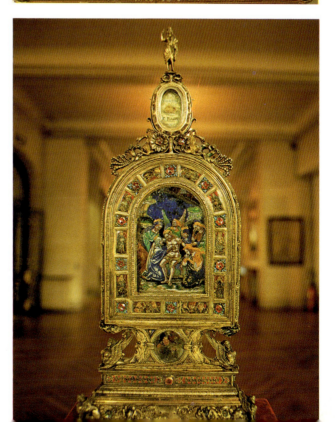

Erdgeschoß des Gebäudes ist heute offiziellen Veranstaltungen der Stadtverwaltung von Nizza vorbehalten. Dort befindet sich auch eine Marmorbüste des Generals Masséna von Anton Canova. Bei diesem Werk hat sich Canova nicht auf eine rein realistische Wiedergabe beschränkt, sondern wußte auch die geistige Größe, das Heroische an der Person des Generals auszudrücken. Wie so häufig in dieser Zeit handelt es sich auch hier um eine Idealisierung des Motivs, der dargestellten Persönlichkeit.

Ansicht eines im Stile des I Imperiums gehaltenen Raums: kennzeichnend ist die extreme Nüchternheit bzw. Einfachheit.

Abgesehen von der edlen Büste Canovas befindet sich im Museum eine Kopie der Napoleonstatue des Bildhauers Antoine-Denis-Chaudet (1763-1810), der Napoleon in Gestalt eines römischen Imperators darstellte. Chaudet hatte während eines Romaufenthalts Gelegenheit, die Werke Antoine Canovas kennenzulernen, was dazu führte, daß er nach seiner Rückkehr in den Ruf des besten klassizistischen Bildhauers kam. Chaudet, der von Napoleon sehr geschätzt wurde, fertigte für diesen eine Reihe von Werken für feierliche Anlässe an, u.a. auch Napoleon als Gesetzgeber.

Im ersten und zweiten Stock der Villa befindnet sich das eigentliche Museum. Von besonderem Interesse sind die Werke der sogenannten "Primitiven Nizzer Künstler", die wesentlich von den Einflüssen der benachbarten italienischen Kunst gekennzeichnet wurden. Die bekanntesten dieser, auf Bestellung malenden Künstler, erstellten die Fresken zu den meisten der religiösen Bauten der Umgebung. Sie widmeten sich besonders Altarbildern mit sakralem Mittelteil und seitlichen Heiligendarstellungen. In den Arbeiten dieser Künstler (Jacques Durandi, Jean Miralhet und die Familie Bréa, deren Malrichtung von Louis angeführt wurde) läßt sich eine Entwicklung des etwas veralteten, festgefahrenen Stils hin zu mehr Realismus und einer größeren Sorgfalt gegenüber der Darstel-

Ansicht des Masséna-Saals. Hersent: Marschall Masséna, 1814 Offizielles Porträt André Massénas in Uniform. Utensilien und Dokumente Massénas.

lung von Empfindungen und seelischen Ausdruch erkennen.

Unter den im Museum ausgestellten Bildern befindet sich auch die aus dem Jahr 1460 stammende und Durandi zugeschriebene Darstellung des *Johannes des Täufers*. In diesem aus der Kirche Lucérams stammenden Bildes wird Johannes der Täufer als Zentralfigur inmitten einer Schar von Heiligen dargestellt. Er ist von einer unnahbaren Würde durchdrungen. Die beachtliche Ausdruckskraft wird durch die Darstellung des eingefallenen Gesichts, das durch den dunklen Bart noch asketischer wirkt und durch den hageren Körper erreicht. Die Predella zeigt in fünf Abschnitten Szenen aus dem Leben des Hl. Johannes: Geburt, Predigt, Taufe Jesus, Anklage gegen Herodes und Herodias, Enthauptung.

Eines der eindrucksvollsten Werke des Museums Masséna ist das Porträt Josephines de Beauharnais von Antoine Jean Gros, einem bevorzugten Schüler Jean Louis Davids. Gros wurde tatsächliche nur aufgrund seiner Beziehung zu Josephine in Mailand dem aus einem siegreichen Feldzug heimgekehrten Napoleon vorgestellt. Diese Bekanntmachung war für den, Maler, der später sogar zum offiziellen, kaiserlichen Porträtisten ernannt werden sollte, von großer Bedeutung. Gros erstellte eine Serie von Bildern für offizielle und feierliche Anlässe, die in sehr würdevollem Ausdruck gehalten

Turnierrüstung aus dem Anfang des 16. Jahrhunderts aus der Sgl. Houbert.

Reliquiar des St. Commodos.

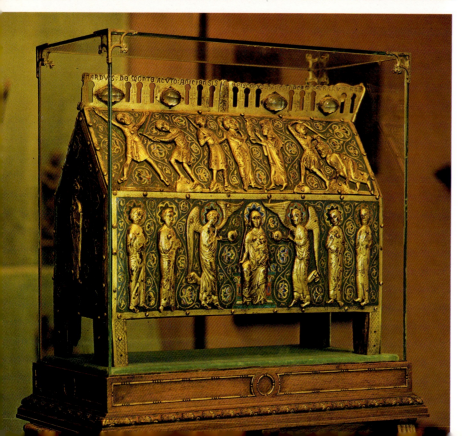

sind. In seinen Porträts hingegen läßt sich eine ausgesprochene Transparenz der verwendeten Farben und eine hohe Kunstfertigkeit in der Farbzusammenstellung erkennen. Beim Porträt Josephines beeindruckt nicht nur die Ausgeglichenheit der Komposition, die sehr neoklassische Züge trägt, sondern auch der in sich gekehrte Ausdruck, der abwesende Blick der Herrscherin, der die ganze Darstellung durchdringt. Abgesehen von der offiziellen Gemessenheit gelang es Gros, einen Augenblick von unverfälschter, menschlicher Traurigkeit wiederzugeben. Eines der bekanntesten Werke des Museums ist der *Reliquiar des Hl. Commodus*, eine Emailarbeit aus Limoges aus der Mitte des 13. Jahrhunderts. Er verköpert ein wertvolles Beispiel der Arbeiten der Limoger Emailwerkstatt, die in den Jahren 1150-1250 eine Hochblüte erlebte. Die wichtigsten Zentren der Emailtechnik auf Kupfer waren Limoges, Köln, Aachen und Hildesheim. Grundsätzlich kann man zwischen zwei Verfahren unterscheiden, und zwar dem *cloisonné* und dem *champlevé*. Die erstere Arbeitsweise, die typisch für das Mittelalter, die romanische Zeit war, besteht darin, die an der Oberfläche durch Auflöten von Metallfäden gebildeten Vertiefungen mit Email zu füllen. Später tritt die Technik des "champlevé" mehr in den Vordergrund, wobei das Metall ausgehöhlt oder graviert wird und diese Einkerbun-

Typische, aus Kürbis gefertigte Nizzer Musikinstrumente.

Typische Nizzer Tracht.

gen mit Email gefüllt werden.

Im Museum befinden sich des weiteren drei wichtige Stiftungen: eine Waffenkollektion aus dem 15., 16. und 17. Jahrhundert, eine Schmucksammlung und eine Serie französischer Keramikarbeiten. Außer drei, dem Brauchtum und der Volkskunde Nizzas gewidmeten Räumen und dem Saal G. Garibaldis - 1807 in Nizza geboren und als Held der zwei Welten (Europa- Amerika) bezeichnet - sind noch Zeichnungen und Entwürfe J. L. Davids mit Napoleondarstellungen aus dem Jahre 1796 von Interesse.

Sehenswert ist auch der sogennante Fischerschatz, der aus einer Anzahl von Silberfischen besteht und dem Hl. Petrus zum Dank für ein überstandenes Schiffsunglück und einen reichen Fischfang dargebracht wurde.

RUE MASSENA

Nizzas Entwicklung hin zu einer Touristenstadt beeinflußte auch das Handelswesen der Stadt, das vorwiegend auf Luxusartikel ausgerichtet war. Die Stadt entwickelte sich in der Vorkriegszeit zum zweitgrößten Juwelenmarkt nach Paris. So gab es gut 160 Geschäfte, die sich auf den Verkauf von Luxusartikeln und Wertgegenständen spezialisiert hatten. Auch heute noch sind einige Straßen Nizzas aufgrund der Eleganz ihrer Geschäfte und der wertvollen ausgestellten Ware bekannt. Die Passanten können gar nicht umhin, anzuhalten und einen Blick in die glitzernden Schaufenster zu werfen.

Ansicht der zentral gelegenen Rue Masséna.

PLACE MASSENA

Einer der beiden wichtigsten Plätze Nizzas wurde nach André Masséna benannt. Dieser Platz entstand im Zuge eines Ausbauprogrammes der Stadt Nizza, die von einer eigens dafür aufgestellten Kommission, dem "Conseil d'ornament" zwischen 1832-1860 geleitet wurde. Der großangelegte, protzige Plan ist ein typisches Beispiel für die Architektur jener Zeit. Mit den ihn umgebenden Säulengängen und den rötlichen genuesischen Fassaden könnte der Place Masséna für einen italienischen Stadtplatz gehalten werden.

Die von Vernier ausgearbeiteten Pläne sahen tatsächlich Säulengängen und Balkone, wie sie in der Rue de Rivoli zu finden sind und vor allem breitangelegte Straßen wie die von Turin vor. Die besondere Ausstrahlung Nizzas und seiner Bewölkerung, die sich durch Kraft und Unternehmungsgeist auszeichnen, zeigt und spiegelt sich in der Persönlichkeit seiner wohl bekanntesten Söhne, und zwar André Masséna und G. Garibaldi wieder Beide sind von ungeheurer Willenskraft und unerschöpflichem Tatendrang durchdrungen. Auch nach G. Garibaldi, dem Urheber der italienischen Unabhängigkeitsbewegung, wurde ein Platz benannt, in dessen Mitte sich eine Statue mit der für das

Der Masséna-Platz.

Zweite Empire so typischen Heldendarstellung befindet. Ein von Garibaldi an seine Frau Anita gerichteter Brief, der nicht ohne überschwengliche und phrasenhafte Beschreibung ist, zeugt von seiner Verbundenheit zu dieser Stadt: "Je désire que tu te plaises dans ce joli coin de terre qui m'a vu naître, qu'il te soit cher comme il l'a toujours été à mon coeur".

DIE GÄRTEN ALBERTS I

Diese Anlage vermittelt den Eindruck einer grünenden Oase inmitten des Stadtverkehrs von

Brunnen im Mittelpunkt des Platzes: die Bronzefiguren sind von Alfred Janniot und verkörpern die Planeten des Sonnensystems.

Statue Alberts I., dem auch der Platz gewidmet wurde.

Nizza. Sie wurden 1855 nach den Plänen des Architekten Gilly angelegt, um die Überdachung des Flußes Paillon, bzw die aufgeschütteten Erdwälle zu kaschieren und bildeten gleichzeitig ein Verbindungsglied zwischen der Stadt und dem neuen englischen Quartier.

Die Gärten und der sie umgebende Platz sind nach Albert I. von Belgien benannt, der 1934 einem Unfall in den Bergen erlag und eine große Vorliebe für Nizza hegte, das er als seinen Lieblingsurlaubsort bezeichnete. Abgesehen von der Büste des Königs findet sich inmitten der Pflanzen ein dem Anschluß Nizzas an Frankreich gewidmetes

Einer der Brunnen, der die Gärten schmückt.

Blick auf die Gärten Alberts I.

Denkmal. Auch bei dieser Arbeit können gewisse Züge der Selbstverherrlichung nicht verleugnet werden. Nizza, in Gestalt eines jungen Mädchens, wird Frankreich, in Frauengewändern und Helm, gegenübergestellt. Sicherlich von unumstrittenem künstlerischem Wert ist hingegen der aus dem 18. Jahrhundert stammende Tritonbrunnen.

Jüngster Brunnen von Nizza. ▶

Tritonbrunnen aus dem 18. Jahrhundert.

Garten Alberts I.

An den Anschluß Nizzas an Frankreich erinnerndes Denkmal aus dem Jahre 1792.

ACROPOLIS

Im Frühjahr 1985 ist in Nizza der neue Palast der Künste, des Tourismus und der Kongresse eingeweiht worden, ein Werk von bemerkenswerter Wichtigkeit sowohl unter dem Gesichtspunkt des kulturellen, wissenschaftlichen und technologischen Austauschs, die es beherbergt, als auch wegen der hohen Qualität der architektonischen und städtebauliche, Bemühungen, die seine Erbauung beinhaltet, als auch, schließlich, wegen der wirtschaftlichen Auswirkungen, die die Acropolis auf die produktive Struktur der Region hat, die seit jeher auf dem Tourismus basiert. Dieses enorme Gebäude von futuristischen Linien nimmt eine Fläche von gut 27.620 m² ein und ist von seinen Erfindern als "Palast des Lichtes und des Raumes" gedacht worden, ein Konzept, das sich in der Fülle der Fenster und der offenen Räume ausdrückt, die man im Inneren des Gebäudes finden kann.

Auf der nebenstehenden Seite zwei Außenansichten der Acropolis, die die kühne Modernität der architektonischen Linien hervorheben, die die Form definieren und ihre Einfügung in weite, "natürliche" und eigens dafür geschaffene Flächen. Auf dieser Seite oben eine herrliche Gesamtansicht des Auditoriums Apollon. An der Seite der Haupteingang der Acropolis.

DIE FESTUNG

1821 erwirkte die Stadtverwaltung von Nizza vom König von Sardinien die Erlaubnis, die nunmehr schon sehr verfallenen Reste der Burg und das sie umgebende, vernachlässigte Grünland in einen Park umzugestalten. Es war nicht viel erhalten von der auf dem steilen Felsen über dem Meer errichteten Festung. Die Burg wurde 1543 errichtet, fiel des öfteren in die Hände Frankreichs und wurde 1706 gänzlich, und zwar unter Marschall Berwick zerstört. Die Einwilligung zur Umwandlung in eine Grünzone wurde nur unter der Bedingung gewährt, daß die noch bestehenden Mauern aufrecht erhalten blieben. Der Hügel wurde mit Bäumen und Sträuchern bereichert, ein künstlicher Wasserfall angelegt, und der *Tour Bellanda* auf den Grundmauern der Bastion St. Lambert errichtet. Hier befand sich früher wahrscheinlich auch die Akropolis des griechischen Nikaia. Die 1878 freigelegten und auch bei späteren Arbeiten 1954 ans Tageslicht gebrachten Funde, wie Reste einer auf einem heidnischen Tempel errichteten Basilika aus dem 12. Jahrhundert (Apside und zwei kleinere Altarräume) und archäologisches Beweismaterial, das ins 6. und 5. Jahrhundert zurückgeht, zeugen davon.

Ansicht der Burg mit der Promenade im Hintergrund.

Künstlicher Wasserfall.

Ausgrabungen um die Burg herum: Felsen des antiken Nikaia.

Turm Bellanda.

Detail eines Mosaiks.

DAS SCHIFFS-MUSEUM

Im Tour Bellanda, wo auch H. Berlioz die Ouverture zu seinem "König Lear" komponierte, befindet sich das Schiffsmuseum, das auf die Initiative der Société Générale Transatlantique zurückgeht. Dort werden

Innenansicht des Schiffmuseum.

Gemälde von Gudin mit der Darstellung Napoleons III. bei seiner Ankunft in Genua (1860).

Das Gefallenendenkmal auf dem Abhang des Schloßhügels, das zum Gedenken an die 4000 Nizzer Gefallenen im Ersten Weltkrieg errichtet wurde.

wichtige, das Mittelmeer betreffende Unterlagen (natürlich liegt das Hauptaugenmerk auf dem Seewesen Nizzas), wie Bootsmodelle, alte Waffen und Schiffe, alte Karten und Aufzeichnungen aufbewahrt. Von besonderem Interesse sind zwei bronzerne Kanonen aus dem 12. Jahrhundert und eine alte Kriegskarte, die den Angriff Franz I. gemeinsam mit türkischen Galeeren gegen Nizza dokumentiert.

DAS GEFALLENENDENKMAL

Das Gefallenendenkmal scheint sich vom Felsen, aus dem es gehauen wurde, abheben zu wollen. Es stammt vom Architekten Séassal, während hingegen die *Frieden und Krieg* darstellenden Skulpturen Werke Janniots sind.

DER HAFEN

Ursprünglich konnte man kaum von einem Hafen Lympia sprechen, denn es zeigte sich nur ein einfacher Kiesstrand, der sowohl den großen, als auch den kleinen Booten eher Anlegeschwierigkeiten bereitete. Der Großteil des Schiffsverkehrs wurde deshalb auch nach Villefranche, einer geeigneteren und vor allem geschützteren Anlege-

Aufnahmen des Hafens Lympia.

stelle, umgeleitet. Erst 1750 kam es auf Betreiben des Herzogs von Savoyen, Karl Emanuel III., zum Ausbau des Hafens. In der Folge spielte sich der Handel Nizzas vorwiegend auf dem Seewege ab, und der Hafen von Lympia blieb bis zum Anschluß Genuas an Piemont (1815) der einzige Schiffsladeplatz des Herzogtums. Nach diesem Ereignis verlor Lympia aber mit Ausnahme des Olivenhandels - Nizza hatte die Funktion eines Mittelsmannes zwischen Italien und Frankreich inne - an Bedeutung.

Der heutige Hafen erstreckt sich nach den Ausbauten in den Jahren 1870 und 1904 über 5 ha und kann als bedeutender Einfuhrhafen bezeichnet werden, während sich der Personenverkehr hingegen vor allem mit Korsika abspielt.

In einer Höhle des Mont

Baron, der sich über dem Hafen Lympias erhebt, wurden Spuren einer prähistorischen Siedlung gefunden, die in die Periode zwischen der 3. und 4. Eiszeit, d.h. ins Achaikum (vor ca. 400.000 Jahren) einzureihen ist. Die im Laufe der Ausgrabungsarbeiten von 1966 ans Tageslicht gebrachten 35.000 Fundstücke wurden in dem eigens dafür an Ort und Stelle errichtetem *Musée de la Terra Amata*, das nach neuesten Methoden und Kriterien angelegt wurde, geordnet und verwahrt. Es handelt sich um Beweisstücke über Leben und Lebensweise der Menschen vor 400.000 Jahren, die von größter Bedeutung sind. Die Deutung dieser Funde soll durch Tafeln und erläuternde Skizzen, durch Plastikmodelle und Nachbildungen des Lebensraumes der Siedlungen und durch Erklärungen des Ausgrabungs- und Datierungsverfahrens erleichtert werden.

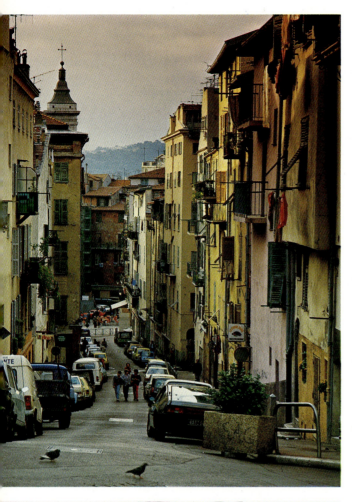

Charakteristika der Altstadt.

Kathedrale St. Reparata.

Blick auf ein weniger bekanntes Nizza, das aber deshalb nicht weniger authentisch ist.

DIE ALTSTADT

Entfernt man sich nur wenige Schritte vom hektisch wirkenden und heißen Plaster des Place Masséna, so hat man den Eindruck, in eine andere Welt einzutreten. Die Altstadt ähnelt einem Labyrinth gewundener, schattiger Gassen, die von mehrstöckigen Häusern, die die Straßen vor Hitze und Wind schützen sollen, gesäumt werden. Man sollte aber nicht den Irrtum begehen, ein vorschnelles Urteil über die Altstadt Nizzas abzugeben, indem man sie in die Kategorie der volkstümlichen, malerischen Stadtviertel, in dem ein gewisser südländischer Zauber nicht zu leugnen ist, einordnet. Wenn man bei einem ersten Spaziergang auch vor allem vom lebhaften Treiben in den Straßen beeindruckt ist, so sollte doch nicht vergessen werden, daß sich in diesem Stadtviertel auch die wichtigsten und ältesten Bauten Nizzas befinden. Im 17. und 18. Jahrhundert, im Zuge der politischen Festigung Piemonts, kam es auch in Nizza zu

Im Hintergrund der Rue de la Préfecture die Kapelle der Schwarzen Büßer.

Kirche Miséricorde.

einem deutlich sichtbaren städtebaulichen Ausbau, der von Turin ausging, später aber auch auf die kleineren Zentren überging. Nizza konnte, wie der Großteil der savoyischen Städte, von dieser politischen und wirtschaftlichen Festigung profitieren. Viele am Hof des Königs in Turin tätigen Architekten kamen auch nach Nizza, wie z. B. B. Vittone und C. und A. Castellamonte. Somit spiegelt sich in der Architektur der Provinz der Baustil des Hofes, der Regierung, wider, und nicht selten waren es Adelige, die sich als Architekten versuchten. Wie dem auch sei, so finden sich auch unter den Arbeiten des *Piemonter Barock*, wenn man diese Stilrichtung auch als mittelmässig und provinzlerisch bezeichnet einige sehr wertvolle, als Kunstwerke anerkannte Bauten.

Kathedrale St. Reparata. Die Legende besagt, daß um 250 n. Chr. die 15-jährige Reparata, nachdem sie zuerst ein Martyrium in Palestina durchstehen mußte, in einem Boot der Strömung ausgesetzt wurde. Die von zwei Engeln gesteuerte Barke strandete vor der Küste von Nizza, wo sie von Fischern gefunden wurde, die die Heilige an jener Stelle, wo sich heute die gleichnamige Kathedrale erhebt, begruben. Die Kathedrale wurde 1605 in einem klassischen, eher kalt und festgefahren wirkendem Stil vom Architekten J. A. Guibera aus Nizza errichtet. Das Innere zeigt den Grundriß des lateinischen Kreuzes und scheint von den unzähligen barocken Dekorationen erdrückt zu werden. In den Gewölbebögen sind die verschiedenen Monogramme der Herrscher des Hauses Savoyen zu sehen.

In der Sakristei finden sich wertvolle Holzverkleidungen aus dem 18. Jahrhundert, die aus der alten Benediktinerabtei von St. Pons übernommen wurden. Der Bau des Glockenturms geht auf die Zeit zwischen 1731-1757 zurück.

Kapelle der Barmherzigkeit. Die Religiosität der Bevölkerung Nizzas findet ihren höchsten und frömmsten Ausdruck in der Entstehung mannigfaltiger Laienbruderschaften, die es sich zum Ziel setzten, ihren Mitbrüdern bzw. der notleidenden Bevölkerung Beistand zu leisten. Jeder Handwerker- und Arbeiterstand, jede Berufsschicht und somit jede Brüderschaft unterschied sich von der anderen durch die Farbe

ihrer Kleidung und ihrer Kapuze. Zu den 1422 gegründeten Brüderschaften der *Schwarzen Büßer* gehörten die Notablen, die reichen und angesehenen Persönlichkeiten Nizzas. Ihr Zusammenkunfts- und Gebetsort war die *Chapelle de la Miséricorde*.

Die Gründung der Kapelle geht auf das Jahr 1736 zurück. Das vom Piemonter Bernhard Vittone errichtete Gebäude weist einen etwas ungewöhnlichen, ovalen Grundriß auf.

Das Kircheninnere hat die Form eines Schiffes und ist von sechs runden Kapellen umgeben. Der Prunk und die Fülle der Gold- und Stuckdekorationen fügen sich ausgezeichnet in die architektonische Meisterhaftigkeit des Baus ein. In der Sakristei sind wertvolle Kunstschätze aus dem 15. Jahrhundert aufbewahrt, wie das Altarbild Jean Miralhets, *die barmherzige Mutter Gottes*, und ein Werk gleichen Motivs von Louis Bréa.

Die Brüderschaft der *Blauen Büßer* (Bürger und Kaufleute) und die *Roten Büßer* (Seeleute und Fischer) besuchten gemeinsam die aus dem 18. Jahrhundert stammende *Chapelle de la Trinité*, während sich die *Weißen Büßer* (Handwerker und Bauern) in der *Chapelle de la Croix* aus dem 17. Jahrhundert versammelten.

BLUMENMARKT

Bis zur Jahrhundertwende, bevor die Promenade zum Treffpunkt der gehobenen Gesellschaft wurde, war der Corso de Saleya "die Straße" des mondänen Stadtlebens, wo sich Kaffeehäuser, Restaurants und angesehene Geschäfte aneinanderreihten. Heute finden wir dort das Bild eines unendlich erscheinenden, farbigen Gartens, der vor Blumenpracht überquillt. Hier wird tatsächlich ein die ganze Zone mit Duft und malerischen Farben erfüllender Blumenmarkt abgehalten. Außer der zum Stadtbild gehörenden optischen Bereicherung stellt der Blumenhandel auch einen wichtigen Faktor der Wirtschaft Nizzas dar. Es mag manchem seltsam erscheinen, daß dieser Wirtschaftszweig, der sich zu einer wahren Industrie entwickelte, auf die Initiative des Schriftstellers, Dichters und Journalisten Alphonse Kerr, der zwischen 1851-1864 in Nizza wohnte, zurückzuführen ist. Er bestellte und importierte die verschiedensten Züchtungen und begann mit größter Sorgfalt, Blumenarrangements für den Handel zusammenzustellen. Kerr hatte damit so großen Erfolg, daß er bald die angesehensten Gäste von Nizza zu seinem Kundenkreis zählen und sogar Bestellungen aus dem Ausland entgegennehmen konnte.

Innenansicht einiger Geschäfte.

Fußgängerstraße: der Maler Jean Louis Cavina.

PALAIS LASCARIS

Das Palais trägt den Namen der adeligen Familie Lascaris-Ventimiglia für die es auch errichtet wurde. (Wilhelm-Peter von Ventimiglia verheiratete sich 1261 mit Eudixia, der Tochter Theodors II. Lascaris, *Basileus* von Nizza). Das Anwesen blieb bis zur Französischen Revolution im Besitz der Familie Lascaris. Danach kam es zu einem ständigen Besitzerwechsel bis es schließlich in den Anfängen unseres Jahrhunderts, in Appartaments aufgeteilt, völlig heruntergekommen war. 1942 wurde es von der Stadt Nizza übernommen, und es bedurfte zahlreicher Restaurierungsarbeiten ehe es als Museum benutzt werden konnte.

Die Villa wurde unter Jean Paul, 55. Großmeister des Malteserordens, im Jahre 1650 im Stile Genuas errichtet.

Der repräsentative Charakter, der typisch für die Bauweise des genuesischen Stils ist, zeigt sich hier in Form einer monumental angelegten Prunktreppe im Inneren des Baus, die zu den oberen

Palais Lascaris mit prächtigem Aufgang.
Innenansicht der Nobeletage.
Ansicht einer der prächtigen Säle des Palais Lascaris.
Apotheke.

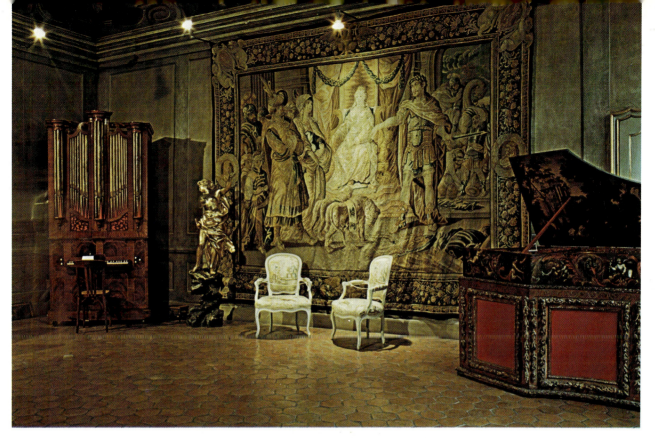

Räumlichkeiten führt und den Besucher in eine feierliche Stimmung versetzt. Diese, wie auch andere bekannte genuesische Villen zierende Treppen, führt von der Eingangshalle über sich voneinander unterscheidende, von gewaltigen Säulen getragenen Windungen nach oben. Fresken, Statuen und Nischen zierende Bildhauerarbeiten aus dem 17. und 18. Jahrhundert verstärken dieses majestätische Aussehen der Räumlichkeiten.

Im ersten Stockwerk werden zeitgenössische Ausstellungen und Messen abgehalten; im

Naturgeschichtliches Museum-Ansicht eines Saales.

Detail eines Ausstellungsstückes der Sammlung.

Obergeschoß hingegen können noch die Wohnräume bewundert werden, die reich an Stuckdekorationen und Freskenmalereien aus dem 17. Jahrhundert sind (einige davon werden J. B. Carlone zugeschrieben) und mit flämischen, nach Rubinsvorlagen angefertigten Wandteppichen und wertvollen, eleganten und kunstvoll verarbeiteten Rokokomöbeln eingerichtet sind.

Auch die sich in der im Erdgeschoß befindlichen Apotheke ausgestellte Keramik- und Gefäßsammlung ist einen Besuch wert.

DAS NATUR-HISTORISCHE MUSEUM

Noch im vergangenen Jahrhundert war das naturhistorischen Museums von Nizza wegen seines Reichtums an Ausstellungsstücken, seiner erlesenen Sammlungen, die aus dem Besitz zweier Nizzer Naturforscher stammen, sehr anerkannt und sein Ruf drang bis ins Auland vor Nach einer gewissen Periode der Vernachlässigung, wurde das Museum umgestaltet und nach modernsten Kriterien eingerichtet. Heute läßt sich im Museum eine Einteilung in drei große Sektoren, die die Entwicklung der lebenden Welt, die Paläonthologie und die Mineralogie umfassen, erkennen. Im Saal Donandys befinden sich aus allen Teilen der Welt stammende Mineralien von einer unerschöpflicher Vielfalt an Form und Farbe. Im Barla-Saal hingegen sind die verschiedensten Pilzarten des Nizzer Raums ausgestellt. Die größte Attraktion des Museums stellt aber zweifelsohne ein *Dinosaurier compsognathus* dar.

Autoparkplatz.

Gymnasium Masséna.

DIE WEICHTIERGALERIE

In diesen eher ungewöhnlich erscheinenden Räumlichkeiten sind ungefähr 15.000 Weichtiere zu sehen die zu den verschiedensten Arten zählen. Es handelt sich dabei um die größte diese Lebewesen betreffende Sammlung Frankreichs. Der Errichtung dieses Museums gingen seitens seiner Gründer, dem Ehepaar Valero, reichliche, das Leben aller betreffende Überlegungen voraus. Die Einrichtung sollte Studien- und Forschungsarbeiten ermöglichen, die sich mit dem Problem der Erhaltung des biologischen Gleichgewicht und der unveränderten Aufrechterhaltung des Meeresleben beschäftigen. Abgesehen von seiner wissenschaftlichen Nutzbarkeit ist das Museum auch für den Besucher von großem Interesse, der in den beiden Sälen der Galerie die verschiedensten Weichtierarten in riesigen Aquarien betrachten kann, wo sie die natürlichen Lebensbedingungen ihrer Unterwasserwelt vorfinden.

Einer der "Gäste" des Aquariums.

Weichtiermuseum: Ansicht eines Ausstellungsraumes.

Austellungspalais.

Das neue Theater.

DAS AUSTELLUNGS-GEBÄUDE

In diesem modernen und zweckmäßigen Gebäude findet jedes Jahr, zum ersten Mal im Jahre 1969, die Internationale Buchmesse neben anderen unzähligen, wichtigen Treffen statt.

KIRCHE NOTREDAME UND DIE JESUITENKIRCHE

Abgesehen von modernen Kirchen, wie die Notre Dame, sind in Nizza auch Beispiele einer Architektur von beachtlicher

Kirche Notre-Dame.

Religiösität, von schlichter und sich auf das Wesentliche beschränkender Architektur zu sehen.

Um 1606 gelang es den Jesuiten, sich aufgrund der Freizügigkeit eines vermögenden Kaufmanns in Nizza niederzulassen und hier ein Kollegium zu gründen, dem die Jesuskirche, die sich heute St. Jacques nennt, als Kapelle diente. Wie die von Vitozzi errichtete Kirche des Corpus Domini in Turin übernimmt auch diese Kirche in Nizza die Bauweise der romanischen Jesuskirche von Vignola, die ein typisches Beispiel der Architektur der Gegenreformation darstellt. Tatsächlich bewirkte die Reaktion der Kirche auf die Lehren Luthers, besonders in Bezug auf den Einzelnen und seine innere Einstellung, auch eine "äußerliche", in der Architektur sichbare Veränderung. Die Raumordnung sollte die Verbundenheit zwischen Gläubigen und Glaubensvermittlern verstärken. Dies läßt sich durch einen nur ein Kirchenschiff aufweisenden Plan verwirklichen. Die Jesuitenkirche von Nizza ähnelt aufgrund ihrer schlichten und sich auf das Wesentlichste beschränkenden Fassade berühmten italienischen Bauten.

NATIONALMUSEUM MARC CHAGALL

Marc Chagall ließ sich in den 50-iger Jahren in Vence nieder und beschäftigte sich mit der Idee, eine von Vence unweit gelegene Kapelle mit Kunstwerken biblischen Charakters auszuschmücken. Dieses Vorhaben konnte jedoch nie verwirklicht werden und es verblieb somit nur der in den Jahren 1955-1958 für diese Kapelle angefertigte biblische Bildzyklus. Auf Anraten seines Freundes André Malraux vermachte M. Chagall 1966 seine Bilder dem französischen Staat, der sie in einem eigens dafür errichteten Museum unterbrachte. So kam es zur Gründung des *Nationalmuseums Marc Chagall*, das die 18 großen Bilder des Bibelzyklusses, die dazu entstandenen Entwürfe und Skizzen, ein Mosaik und drei große für das Museum angefertigte Fensterarbeiten (1972) verwahrt. In diesem Museum werden zusätzlich noch Ausstellungen und kulturelle Veranstaltungen, besonders Kammermusikkonzerte abgehalten.

Die Einflüsse der Bibel zeigen sich immer und immer wieder in den Arbeiten Chagalls. Die Heilige Schrift ist ihm als Hebräer schon aus frühester Kindheit her vertraut. "Für das hebräische Volk ist die Geschichte der Bibel gleichzeitig die Geschichte ihrer Vorfahren und die der lebendigen Wirklichkeit, die für immer im Schicksal des Einzelnen verwurzelt ist, ob er es will oder nicht". (1956 stellte Chagall die Illustrationen der Bibel für den Pariser Verlag Vollard fertig). Die allgemeine Thematik dieser im Museum

Nationalmuseum Marc Chagall mit dem Bibelzyklus.

ausgestellten Werke offenbart sich in einer durch den biblischen Text dargestellten geistigen und religiösen Weltanschauung. Durch die Wiedergabe des menschlichen Lebens und seines Schicksals, verkörpert in den biblischen Episoden, will Chagall allen Menschen ein Ideal der Vergeistigung vermitteln, wie er mit eigenen Worten bemerkte: "Vielleicht wird dieses Museum von jungen oder weniger jungen Leuten besucht, die auf der Suche nach einem Ideal der Bruderschaft, der Liebe sind, wie es sich meine Farben und Zeichen erträumt haben".

Tatsächlich begnügte sich Chagall nicht mit einer einfachen Umsetzung des biblischen Textes in Bilder, sondern interpretierte sie in aufrichtigem Empfinden, Reinheit und Schlichtheit, indem er sie in eine märchenhafte Welt, in einen Traum hüllte.

Von den insgesamt 18 Bildern

Marc Chagall, Elisas auf dem Feuerwagen - Mosaik.

Marc Chagall, Fensterarbeiten mit Szenen der Entstehung der Erde.

Marc Chagall: biblische Zyklus, oben: das Paradies; unten: die Geschichte Noahs.

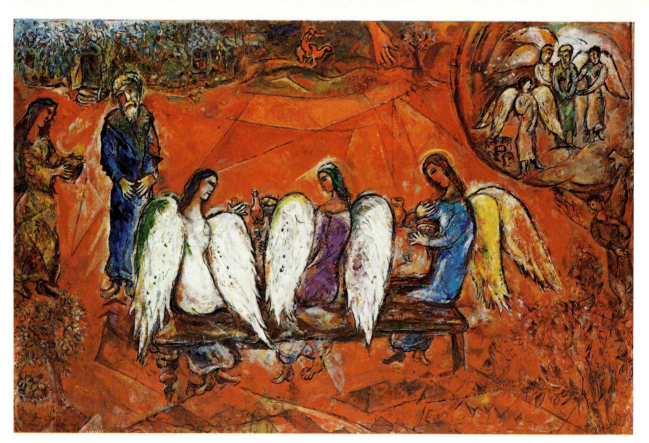

58

des Zyklus sind 12 der Genesis und dem Auszug aus Ägypten und 5 davon dem Hohelied gewidmet. Das Auditorium, das Kammermusikkonzerten vorbehalten ist, wird von drei Fensterarbeiten von Chagall geschmückt. Hier hat der Künstler mit einem verblüffenden Ideen- und Farbenreichtum die *Entstehung der Erde* dargestellt. Neben der Bibliothekstür im Freien befindet sich ein großes Mosaik, welches von Chagall zusammengestellt wurde. Es zeigt den Propheten Elias, wie er von einem, von den Tierkreiszeichen umgebenen Feuerwagen in den Himmel gebracht wird. Dieses Kunstwerk schließt Bedeutungen und Anspielungen, die nicht sofort verständlich sind, mit ein. Der Kreis stellt ein religiöses Motiv dar, die Tierkreiszeichen zeigen den Ablauf der Zeit an und sind einer menschlichen Figur nahe, um die Einheit, das Band zwischen dem Reich der Natur und jenem der Menschen zu versinnbildlichen. Abgesehen von jeglicher verborgener Aussage wird das beim Anblick des Mosaiks in uns erweckte Empfinden vollkommen richtig von M. Bucci erfaßt: "Ein ungeheures Rad voller Inschriften, Zeichen, Symbolen, verzerrten Hinweisen, Farben, ein unüberschaubares, magisches Getriebe, das vor Lebenskraft überzuschäumen, wie Seidenpapier im Wind zu firbieren scheint; ein Seidenpapierkarusell in Mosikform".

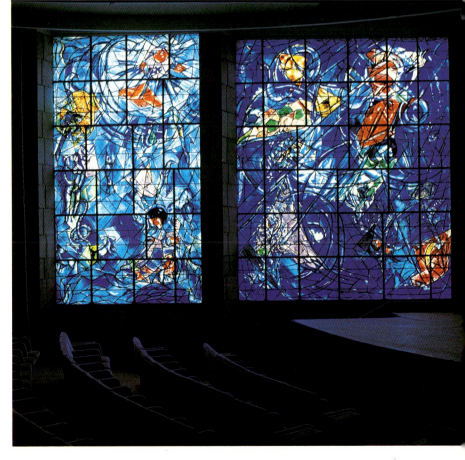

Abraham und die drei Engel; unten: Jacobs Traum.

Ein von Marc Chagall dekoriertes Cembalo.

Marc Chagall - Fensterarbeiten mit der Verkörperung der Entstehung der Welt.

Cimiez. Amphitheater.

CIMIEZ

Um 13 v. Chr. wählten die Römer die alte keltische Ansiedlung von Cemenelum zum Stützpunkt der militärischen Garnison der Alpes-Maritimes, die die Verteidigung der nach Spanien führenden Julius-Augustus-Straße inne hatte. Als Sitz einer ligurischen Kohorte wird Cemenelum 63 n. Chr. das lateinische Recht und das Stadtrecht zugesprochen. Sehr spärlich sind die schriflichen Überlieferungen, die sich auf Cemenelum im 2. Jahrhundert n. Chr beziehen. Einige wenige Informationen ergeben sich aus epigraphischen Berichten. Mit dem Niedergang des römischen Reichs ging auch die Bedeutung Cemenelums soweit zurück, daß man sogar vom Verfall Cemenelums sprechen kann. Parallel dazu ließ sich im naheliegenden Nizza ein ständiges Wachstum erkennen.

Erst im 19. Jahrhundert begannen die Ausgrabungsarbeiten, die einige Grabstätten, Thermen und eine Arena freilegten. Wie in allen durch Cäsar in Kontakt mit der römischen Lebensweise gekommenen Städten, wo sich eine römische Kolonie bildete, erfolgte auch im ehemalig keltischen Cemenelum eine Anpassung an das römische Stadtbild, was die Errichtung von Äquadukten, Forum, Theater, Amphitheater, Thermen, Stadttoren und Triumphbögen zur Folge hatte.
Die Thermen. Letzte Ausgrabungen haben wiederum die Annahme bestätigt, daß hier der vollständigste und besterhaltendste Thermalkomplex (im

Cimiez: Aufnahme des Thermalkomplexes.

Vergleich zu jenen von Arles, Nimes, Glanum) Frankreichs an das Tageslicht gebracht wurde. Die Funde der nach Norden gerichteten Badeanlage stammen aus dem 3. Jahrhundert n. Chr., der südliche Trakt hingegen wurde einige Jahrzehnte später fertiggestellt. (Erst Kaiser Hadrian führte getrennte Badeanstalten für Männer und Frauen ein). Die Thermalanlage besteht aus drei sich voneinander unterscheidenden Bädern, die als *nördliches, östliches* und *westliches Bad* bekannt sind.

Im Aufbau und im Grundriß gleichen die Thermen von Cimiez jenen von Glanum. Die Mauern des Frigidariums, des nördlichen Kaltbades, die eine Höhe von 10 m erreichen, vermitteln ein Bild von der Gewaltigkeit dieser Bäder. Im 5. Jahrhundert n.Chr. wurden auf den Grundmauern des Frauenbades eine Basilika und ein frühchristliches Taufhaus errichtet. (Beim sogenannte Apollotempel handelt es sich in Wirklichkeit um ein Frigidarium der nördlichen Bäder).

Das Amphitheater. Das Amphitheater wurde für die in Cemenelum stationierten Soldaten errichtet und hält sich daher eher in bescheidenen Ausmaßen (500 Plätze).

Aufgrund der Entwicklung der Stadt im 3. Jahrhundert n. Chr. entsprach auch das Amphitheater nicht mehr ganz den damaligen Bedürfnissen und mußte vergrößert werden. Es erfolgte der Anbau einer weiteren, konzentrisch angeordneten Sitzreihe, was sich aber nie zu einer harmonischen Einheit verbinden ließ.

Ansicht der Kirche und des Klosters von Cimiez. *Die gewundene Säule mit dem dreilappigen Kreuz.*

NOTRE-DAME DE L'ANNONCIATION

Die Kirche Maria Verkündigung von Cimiez unterstand bis 1546 einem Benediktiner- und später einem Franziskanerorden. Heute ist sie von einer aus dem 19. Jahrhundert stammenden (1845) und im neogotischen Stil (*Troubadourgotik*) ausgeführten Fassade geschmückt. Mitte des 19. Jahrhunderts kommt es in ganz Europa zu einer Wiedergeburt der Gotik, die vor allem in Großbritannien mit der Errichtung großartiger Bauten, wie dem *Unterhaus in London*, zum Ausdruck kommt. Der Bogengang hingegen, der parallel zur Fassade verläuft, reicht in das Jahr 1662 zurück und läßt die Handschrift Caissottis erkennen. Im Inneren zeigt sich eine Unterteilung in drei Kirchenschiffe, wovon das Hauptschiff bis ins 15. Jahrhundert zurückreicht. Das Gewölbe wurde vom venezianischen Maler Giacometti mit Szenen aus dem Leben des Hl. Franziskus (1859) geschmückt. Drei Altarbilder der Maler Bréa vergrößern noch den Reichtum der Kirche, und zwar Pietà und Kreuzigung von Louis Bréa (1475) und die Kreuzabnahme von Antoine Bréa. Zeitweise kommt auch der Vergleich Lous Bréas mit dem italienischen Maler Beato Angelico auf. Bréa ist auch unter dem Namen "Fra' Giovanni Angelico der Provence" bekannt. Obgleich in der Malerei Bréas eine vergleichbare Reinheit in der

◄ Innenansicht der Kirche

Bild des Hauptaltars in Holz geschnitzt und vergoldet (1663).

Darstellung des Gefühls mit jener des Dominikanermönchs zu erkennen ist, so steht doch seine Ausdrucksweise weit hinter dem Mystizismus Angelicos. Die Dreiergruppe bzw. die Darstellung der Pietà mit dem sie umgebenden Hl. Martin und der Hl. Katharina ist eines der früheren Werke, das von unwahrscheinlicher Religiosität aber auch von Vornehmheit und Ausgeglichenheit zeugt. Das künstlerische Empfindungsvermögen zeigt sich in der gemessenen Haltung der Madonna und in der Aussagekraft der Bewegungen und der Augen. Der ausgezehrte Körper Jesus auf dem Schoß der Mutter Gottes hebt sich von der dunklen Masse des Mantels ab. Den Hintergrund bildet eine Landschaft, bei der größter Wert auf das Detail gelegt wurde; es handelt sich um die Darstellung der Stadtmauer und der Tore von Jerusalem, Felsen und kleineren Figuren.

Die Kreuzabnahme von Antoine, dem Bruder Louis Bréas, zeigt sich als eine von Gesetztheit und einem beachtlichen formalen Gleichgewicht durchdrungene Komposition. Der Künstler vermochte den allgemeinen Schmerz durch die Gestik und Haltung der dargestellten Figuren und deren Gesichtsausdruck wiederzugeben. Nicht zu übersehen ist auch die Feinheit der den Hintergrund bildenden Landschaftsmalerei.

Im Kircheninneren ist besonders das kunstvolle Altarbild aus dem 16. Jahrhundert zu beachten, das in geschnitztem und vergoldetem Holz das ganze Kirchenschiff zu erhellen scheint.

Der Klostergarten (terrassenförmige Anlage), der eine Atmospäre der Ruhe und des Friedens ausstrahlt, ist heute auch der Öffentlichkeit zugänglich. Von hier aus kann man das wie ver-

Antoine Bréa: Kreuzesabnahme.

Louis Bréa: Pietà.

Außenanfnahme des Matisse Museums und des archeologischen Museums.

zaubert erscheinende Panorama des Tales und die es umgebenden Berge genießen.

In der Nähe der Kirche befindet sich eine aus Nizza stammende, gewundene Säule, gekrönt von einem dreilappigen Marmorkreuz aus dem Jahre 1477. Es handelt sich um ein Kalvarienkreuz; seitlich die Darstellung Seraphins, wie er dem Hl. Franziskus erscheint und ihm die Wundmale Jesu aufdrückt.

ARCHÄOLOGISCHES MUSEUM MUSEUM MATISSE

In den nach didaktischen Kriterien angelegten Räumen werden die aus den Ausgrabungen stammenden Funde (6.000 vermerkte Stücke) aufbewahrt, die sich vor allem aus Gebrauchsgegenständen und Inschriften zusammensetzen. Sie sollen dazu beitragen, uns eine Vorstellung vom Leben und den Gewohnheiten der römischen Bürger zu vermitteln. Die zahlreichen Stücke an Töpferware, Gefäßen, Amphoren etc. attischer, etruskischer oder vorrömischer Herkunft zeugen vom regen Handelsaustausch Cemenelums mit den Mittelmeerländern.

Abgesehen von diesen den Soldaten Augustus gewidmeten Inschriften (die beiden kämpfen-

67

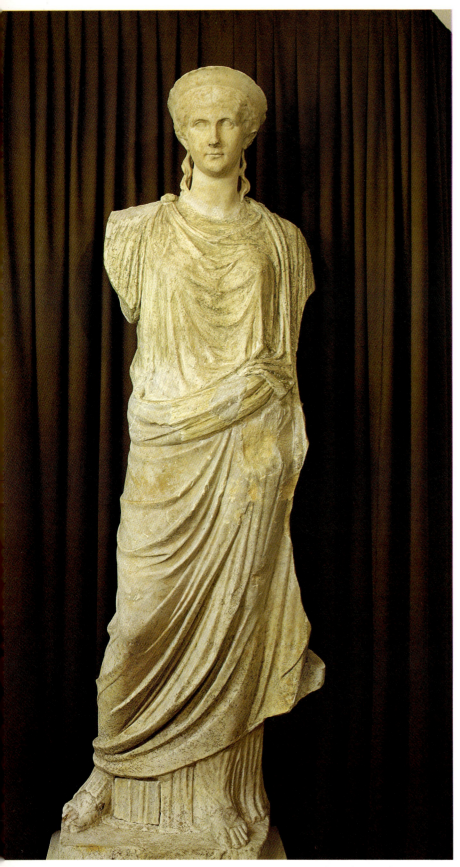

den Steinböcke stellen das Sinnbild der zweiten Legion Augustus dar), erregt die mächtige, 2,10 m hohe Marmorstatue, die in den Thermen gefunden wurde und Antonia, die Tochter Mark-Antonius und Ottavias (der Schwester Augustus) darstellt, unsere besondere Aufmerksamkeit.

Henry Matisse wählte 1938 Cimiez zu seinem Aufenthaltsort, wo er auch bis zu seinem Tode im Jahre 1954 blieb. Er wurde unweit von Cimiez in einem Olivenhain begraben, in einer Umgebung, zu der sich der Künstler so sehr hingezogen fühlte, in der Nähe des zu seinen

Archeologisches Museum: Statue der Antonia.

Tanzender Faun in Bronze aus dem 1. Jahrhundert n.Chr. Es handelt sich um eine hellenistische Arbeit, die 1904 in Cimiez ausgegraben wurde.

Steingrabstele eines Volksstammes, der in das römische Herr einberufen wurde.

Inschrift.

Attische vase mit roten Figuren aus dem 5. Jahrhundert v.Chr. aus der Mayrargue-Sammlung.

Ehren errichteten Museums. Die Iniziative zur Gründung dieses Museums ging auf die Ehefrau Matisse zurück, die gemäß dem Wunsche des Künstlers, seine Werke der Stadt vermachte. Beim Tod Frau Matisse im Jahre 1958 vergrößerten die Söhne das mütterliche Erbe noch mit weiteren Arbeiten Matisse und 1961 kam es schließlich zur ersten *Matisse-Schenkung*, während die Eröffnung des Museums erst zwei Jahre danach erfolgte.

Die Sammlung zeugt von der Gesamtentwicklung seines Schaffens und umfaßt und erläutert die verschiedenen Abschnitte und Einflüsse seiner Arbeiten.

Henri Matisse: Stilleben mit Büchern.

Stilleben mit Büchern. Dieses aus dem Jahre 1890 stammende, unsignierte Stilleben mit Büchern gehört zu den früheren Werken Matisse, der sich tatsächlich erst 1890 mit der Malerei zu beschäftigen begann. Er fand darin sowohl eine angenehme Zerstreuung als auch einen Zeitvertreib, da er aufgrund einer Krankheit und der dafür nötigen Genesung für lange Zeit an das Bett gefesselt war. Diese, sein späteres Leben so sehr beeinflußende Wandlung vollzog sich ganz ungewollt, ohne je vorher beabsichtigt gewesen zu sein.

Auch wenn sich die anerkanntesten und wertvollsten seiner Arbeiten nicht in diesem Museum befinden, so vermögen doch auch die hier ausgestellten Werke, ein Gefühl des Verstehens und der Freude an seinen reinste Lebendigkeit ausdrückenden Bildern zu vermitteln. Der auf den Maler ausgeübte Einfluß der verschiedensten Zeitströmungen, Malerschulen, der östlichen Kunst und der arabischen Dekorationen findet sich in seinen Bildern in einer überarbeiteten, persönlichen Ausdrucksweise wieder. Kunst bedeutet für ihn Lebensfreude auszudrücken, um Angst, Leiden und tägliches Unwohlsein zu überwinden.

Odaliske mit rotem Schrein (1926-1927). In den Jahren zwischen 1919-1926 wendet sich Matisse einer leichteren und anmutigeren Malweise zu, die in einer Reihe von Odalisken-Darstellungen mit eher gekünstelter Anmut Ausdruck findet. Diese Odaliske mit dem rotem Schmuckkästchen in ihrer entspannten Haltung und dem verträumten Blick ähnelt in gewisser Weise den Tahitimädchen Gaugins, wenngleich Matisse Bild jene lebendige Unmittelbarkeit fehlt. Der arabeskenähnliche Frauenkörper hebt sich von einer Flut von Dekorationen ab, befindet sich inmitten der senkrechten Flächen der Wände, abgrenzt von den waagerechten Linien der Decke und dem rotschwarzen Fußboden. Neben dem geschwungenen Körper der Odaliske ist ein keines Stilleben sichtbar, wie das geradlinige, rote Schmuckkästchen. Matisse war in der Tat der Überzeugung, daß die Komposition die Fähigkeit sei, die zur Verfügung stehenden dekorativen Elemente so anzuordnen, daß das ausgedrück werden kann, was der Künstler empfindet.

Lesende am gelben Tisch, 1944. Diese Darstellung einer Lesenden am gelben Tisch unterscheidet sich vom vorangegangenen Bild vor allem aufgrund seiner absoluten, dekorativen Schlichtheit. Die gelben und grünen Farbflächen scheinen einen Kontrast zu den Linien des Gesichts und des Körpers der Lesenden, zu der für Buch und Stilleben angewandten Maltechnik zu bilden, die in einfachen, dunklen Zügen umrissen werden.

Fenster in Tahiti. In der Malerei Matisse finden sich oft die

Henri Matisse: Odaliske mit rotem Schrein.

Henri Matisse: Lesende am gelben Tisch.

Persönliche Utensilien des Künstler.

Henri Matisse: Fenster von Tahiti.

Grab Henri Matisse.

Farben der vom ihm bevorzugten Landschaft wieder. Er verbrachte 1939 drei Monate in Tahiti und in einigen seiner Arbeiten gibt er seine auf der Insel empfundenen Eindrücke wieder. 1946 erstellte Matisse auf der Basis seiner Polynesienerinnerungen eine Serie von Vordrucken für Polsterstoffe. In diesem Bild gibt Matisse die Vision seines Zimmers mit Blick auf die polynesische Lagune von Papete wieder. Die in der Erinnerung festgehaltenen Bilder erhalten auf dem Gemälde Symbolwerte. Das Ganze wird von drei Farbtönen beherrscht: intesives, lichterfülltes Gelb für den Himmels, tiefes Blau für das Meer und ein Rot für die Berge und Wolken. Matisse begründete die Anwendung der Grundfarben wie folgt: "Wir schließen imitierende Farben deshalb gänzlich aus, weil mit den Grundfarben wesentlich stärkere und gleichzeitig offensichtlichere Effekte erzielt werden können".

Beachtenswert ist weiter das feine, dekorativ wirkende und doch strenge Motiv der kleinen Säulen des Fensterbrettes.

Das Museum verwahrt noch weitere Werke Matisse, dessen langes Leben von unaufhörlichem Streben und Experimentieren und von einem sich nie erschöpfenden Tatendrang gekennzeichnet war. Von unbestreitbarem Interesse sind auch die Vorbereitungsarbeiten zum "Tanz" (1931-33) und für die Ausschmückung der Kapelle von Vence (1948-51) die vier großen Skulpturen, die Illustrationen für die Werke Ronsards und Baudelaires und die Vorlagen zu den beiden Wandteppichen, *Polynesien* und *das Meer*.

Wasserfall Gairaut.

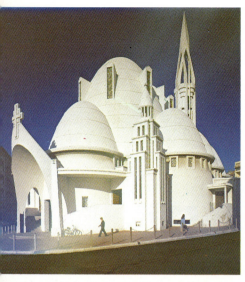

KIRCHE JEANNE D'ARC

Diese Kirche zeigt sich in einem eher modern anmutenden Stil mit drei großen, ellipsenähnlichen Zementkuppeln und wurde vom Architekten Droz (1933) errichtet. Das sich im Innern befindliche Fresko mit der Darstellung des *Leidensweges* stammt von Klementief (1934).

Kirche Jeanne d'Arc.

Klementief: Kreuzweg - Fresko.

DAS MUSEUM "VIEUX-LOGIS"

In einem aus dem 16. Jahrhundert stammenden Gebäude wurde das vom Dominikaner R. P. Lamerre gegründete "Vieux-Logis" Museum untergebracht. Zu den Kostbarkeiten gehören Glasmalereien, Mobiliar aus dem 15. und 16. Jahrhundert, sowie die Nachbildung der Inneneinrichtung der Wohnräume aus dem 15. Jahrhundert. Die Bedeutung dieses Museums liegt im Reichtum an vorzufindenden Handwerksstücke der Region.

Museum Vieux Logis. ▶

Museum Chéret.

MUSEUM CHÉRET

Das Museum J. Chéret ist in einer Villa aus dem Jahre 1878 untergebracht, die ein typisches Beispiel der Architektur des Piemonter Barocks darstellt. Das Gebäude war im Besitz der Prinzessin Kotschoubey und zeugt nur als eines unter vielen Bauten vom Prunk und vom Geschmack der Belle Epoque. Im Jahre 1928, nachdem die Stadt das Anwesen übernommen hatte, kam es zur Einweihung des Gebäudes als Museum. Abgesehen vom staatlichen Anfangskapital wurde das Museum durch zahlreiche und großzügige Privathinterlassenschaften unterstützt. Zu den freigiebigsten Mäzenen gehörten der Gründer des Museum - Jules Chéret, weiters der Schöpfer des Plakats - Baron Josef Vitta, die Witwen der Maler Mossa und Dufy, und Pablo Picasso, welcher dem Museum 1955 13 seiner Keramikarbeiten überreichte.

Die Sammlung umfaßt Kunstwerke aus den verschiedensten Epochen und Stilrichtungen, die einen recht vollständigen Überblick über 400 Jahre Kunst verschaffen (17.-20. Jahrhundert).

In den Räumlichkeiten des

Carl Van Loo: Hanswurst.

Carl Van Loo: Poseidon und Amymone.

Museums Chéret können auch Werke der niederländischen Malerfamilie Van Loo bewundert werden, die im 18. Jahrhundert an verschiedensten Höfen Europas tätig waren.

Jean Baptiste (1684-1745) läßt sich, nachdem er vorher in den Diensten Herzogs Viktor Amadeus II. von Savoyen gestanden hatte, in Paris nieder. Eines seiner Bildnisse, das Ludwig den XV. zu Pferde zeigt, befindet sich in Versailles. Im Museum Chéret wird abgesehen von einem Portät der Ehegattin, Maria Leczinska, noch ein weiteres Bild des Herrschers aufbewahrt. Die Arbeiten Jean Baptistes beschränken sich aber nicht nur auf Porträts, sondern umfassen auch Werke geschichtlichen oder mythologischen Charakters.

Carl Van Loo, der Sohn Jean Baptistes, wurde 1705 in Nizza geboren und erhielt vom Herzog von Savoyen die Aufgabe übertragen, seine Residenz auszuschmücken. Von ihm besitzt das Museum zwei Bilder mythologischer Thematik, und zwar den "Stier von Marathon" und "Poseidon und Amymone". Er übernimmt dabei ein Thema aus Äschylos Satyrdrama, von dem noch Fragmente erhalten sind. Die Darstellung zeigt Amymone, die Tochter Danaos, gemeinsam mit Poseidon, der sie aus den Klauen des Satyrs gerettet hatte. Neben den großen Gemälden mit mythologischen Darstellungen und den Portäts adeliger Herrschaften ist noch ein weiteres Bild, und zwar sein "Hanswurst" interessant. Letzterer einnert an gewisse witzige Karikaturen des 17. Jahrhunderts, die typisch für Maler wie Hogarth waren. Das Museum Chéret zeigt in den museumseigenen Sälen vor allem Kunstwerke aus dem 19. Jahrhundert; es sind Maler-und Bildhauerarbeiten traditioneller als auch antitraditioneller Einstellung zu sehen.

Die großen Badenden. Von diesem Bild Renoirs gibt es zwei Ausführungen, wovon erstere im Jahre 1887 gemalt wurde und heute zur Carrol S. Tynsons jr. Sammlung in Philadelphia zählt. Das zweite Bild befindet sich im Museum Chéret und stammt aus dem Jahren 1901, als sich Renoir zurückgezogen hatte, um an der Côte d'Azur zu leben. Diese "Badenden" sind

Ansicht des Van Loo gewidmeten Saals.

ein Werk, in welchem sich deutlich die Suche des Malers nach einer anderen Ausdrucksweise erkennen läßt. Um 1884, als Renoir seine eigenen impressionistischen Bilder nicht mehr zusagten, vertiefte er sich in das Studium der Malerei eines Rafael und Ingres und widmete sich wiederum intensiver der Zeichnung. Diese aus jener Periode stammenden Bilder sind durch größere Körperhaftigkeit und sorgfältigere Konturen gekennzeichnet. Auch in den "Badenden" aus dem Jahre 1887 läßt sich dieser Versuch, dieses Streben nach einer perfekten Harmonie zwischen Konturen, einer vereinfachten und flächigeren Malweise und der Verwendung von kalten Farben erkennen. Auf der internationalen Ausstellung erweckte dieses Werk die

Auguste Renoir: Porträt der Madame Pichon.

Auguste Renoir: Karyatiden.

gegensätzlichsten Kritiken. Renior gab diesen, seinen neuen Stil bald wieder auf und kehrte zu seiner früheren Malweise, der "kleinen Pinselstriche" zurück. Die zweite Ausfertigung der Badenden ist das Ergebnis seines neuerlichen Umdenkens. In dieser Technik wird durch die Farbe, durch eine Anordnung von dichten und satten Pinselstrichen eine sehr viel lebhaftere Darstellung erzielt. Die natürliche Zufriedenheit und Sinnlichkeit der Badenden in diesem Bild wurde vom Maler folgendermaßen begründet: "Mich erfreuen jene Bilder, die in mir den Wunsch erwecken, darin herumzuwandern, wenn es sich um Landschaftsbilder handelt, oder sie zu streicheln, wenn Frauen dargestellt werden."

Die Karyatiden. Dieses Bild von Renoir wurde

Auguste Renoir: Die Badenden.

1909 in Cagnes angefertigt, wo der Künstler die letzten 15 Jahre seines Lebens verbrachte. Auch hier gelingt es Renoir trotz seines Alters und der Krankheit nicht, sich dem von der Schönheit des weiblichen Körpers augehendem Reiz zu entziehen, und er gibt diese seine Empfindungen in einer Verherrlichung der Natur und des Lebens wieder. Die beiden Figuren der Karyatiden in ihren geschwungenen und vollen Körperformen erinnern mitunter auch an die Natürlichkeit und Sattheit gewisser Frauengestalten Rubens. Es kommt nicht von ungefähr, daß Renoir, als er noch in der Porzellanfabrik arbeitete, von seinen Freunden und Kollegen scherzhaft der "junge Rubens" genannt wurde.

Madame Stephen Pichon. Kunstkritiker behaupten, daß die Malerei Renoirs erst in den Porträts ihre volle Entfaltung findet, vor allem was seine Fähigkeit angeht, mit nur wenigen Zügen einen Charakter wiederzugeben. Im Bildnis Madame Pichons scheint sich das eher strenge Gesicht von der Leichtigkeit des Gelbs der Weste abzuheben.

Küste bei Fecamp. Auch C. Monet kann in seiner Darstellung der Küste von Fecamp seine wahre Natur als Landschaftsmaler nicht verleugnen. Für seine Lichtstudien sind Himmel, Wasser und Wiesen unerläßlich. Er wird zum Erforscher der sich ständig je nach Jahres- und Tageszeit verändernden Natur und versucht in seinen Arbeiten, das unverfälschte, schlichte optische Bild wiederzugeben. In diesem Fall wird die Küste, über ihre Grenzen hinaus, als ein einziger schillernder und lichterfüll-

Claude Monet: Felsküste bei Fecamp.

ter, grüner Fleck dargestellt.
Paul Signac - Brücke bei St. Peres (1913) und **Hafen von St. Malo** (1928). Paul Signac, Paris 1863-1935, war gemeinsam mit anderen, u.a. auch G. Seurat, einer der Vertreter der Kunstrichtung, die es für unerläßlich ansahen, bei der Ausübung einer künstlerischen Tätigkeit über eine gewisse wissenschaftliche Basis zu verfügen. Man spricht vom sogenannten theoretischen Impressionismus, im Gegensatz zum romantischen Impressionismus, der Renoir und Monet zu seinen überzeugtesten Anhängern zählte. Im Zuge dieser Entwicklung formte sich eine neue Technik, und zwar der *Pointillismus*, die Pünktchenmalerei; die Farben werden dabei in ihre Bestandteile zerlegt, d.h. die Bilder setzen sich aus kleinen Tupfen der Grundfarben zusammen. In diesen Aquarellen lassen sich einige für die Malerei Signacs sehr typische Elemente feststellen, besonders in der Einheit der breit und flächig erscheinenden Farben die in einer farblich vollkommen ausgeglichenen und reichlich durchdachten Beziehung zueinander stehen. Das Konzept dieses vom Maler als "optischer Stimulus" angesehenen Bildes neigt dazu, beim Betrachter den Eindruck einer, von der gemalten Oberfläche ausgehenden, dynamischen Wellenbewegung und Vibration wachzurufen.

Während des Zweiten Empires und in der Hochblüte der Belle Epoque herrschte in der Malerei das Frauenbildnis vor. Auch Chéret kann sich dieser Zeitströmung nicht entziehen und kommt sogar in den Ruf eines ersten Malers der Weiblichkeit der damaligen Zeit. Die Kunst wird zum Werkzeug eines Prestigedenkens, und es werden eher oberflächliche, dafür aber umso mondänere Ausdrucksmittel bevorzugt. Maler wie Van Gogh und Cezanne, die die Malerei zu erneuern versuchen und die Kunst als Instrument zur

Paul Signac: Hafen von St. Malo.

Paul Signac: Brücke von St. Péres.

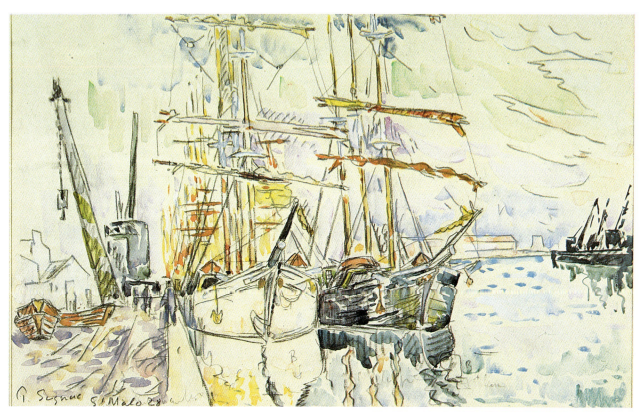

Ermittlung der Wirklichkeit verwenden, finden keinen Anklang.

A. Rodin, auch *Michelangelo der Belle Epoque* genannt und G. Boldini waren die ersten des damaligen Kunstgeschehens, Rodin war der beliebteste Bildhauer. Abgesehen vom Originalgips des "Kußes" finden wir auch das "Ehernes Zeitalter" (ein Exemplar befindet sich im Rodin-Museum in Paris) vor, daß 1877 dem Salon vorgestellt und von diesem aufgrund seines starken Realismus als skandalös empfunden wurde.

Eine reichliche Anzahl der in diesem Museum ausgestellten Werke trägt die Handschrift des aus Nizza stammenden Malers Gustav-Adolf Mossa. Seine Arbeiten sind von starker Plastizität und einem Symbolismus gekennzeichnet, der sich zeitweise schon der Malerei der Art-Nouveau nähert. Es würde an Vermessenheit grenzen, in den blutleeren und ausgezehrten Figuren eines Mossas die Tiefe der Analysen eines Redon (Hauptvertreter des Symbolismus) zu suchen. Ebenso wäre eine Darstellungsweise der Wirklichkeit, die die Grenzen unseres Bewußtseins übersteigt, mit Hilfe von Zeichen und Symbolen nicht durchzuführen. Mossa scheint sich auf den äußeren Aspekt beschränkt zu haben, der verständlicher als das Streben des Symbolismuses, natürlicher und rascher erfaßbar ist. Er erstellte eine ansehnliche Zahl, leicht verständlicher Kunstwerke,

Gustav Adolf Mossa: Frau mit Cenochoés.

Gustav Adolf Mossa: Blinder.

Gustav Adolf Mossa: Pierrot nimmt Abschied. ▶

die im Einklang zum damaligen Geschmack standen.

Aus der Plakatproduktion Chérets, die eine stattliche Zahl von ungefähr 2.000 Exemplaren erreichte, sind im Museum einige seiner Werbe- und Veranstaltungsplakate ausgestellt. Chérets Ölgemälde und Pastelle hingegen sind Genrebilder aus dem Nizzer Leben und geben besonders Karnevalsthemen wieder.

DIE ORTHODOXE KIRCHE

Zwischen dem Ende des 19. Jahrhunderts und den Anfängen des 20. Jahrhunderts bildeten die englische und die russische Kolonie die beiden zahlenmäßig stärksten Siedlungen Nizzas. Das wohl augenscheinlichste Zeugnis der russischen Bevölke-

Innenansicht der orthodoxen Kirche von Longchamps 6, die 1859 errichtet und Nikolaus Alexander gewidmet wurde.

Die orthodoxe Kirche. ▶

rung der Stadt, das auch zu der an der Jahrhundertwende in Nizza stark fühlbaren kosmopolitischen Entwicklung beigetragen hat, ist die eindrucksvolle griechisch-orthodoxe Kathedrale. Sie wurde in den Jahren 1903-1914 nach Entwürfen des Architekten Preobrajensky, im Park der ehemaligen Villa Bermond, der Residenz des russischen Herrscherhauses, errichtet, wo im Alter von 21 Jahren, 1864, Zarewitsch Nikolaus, Sohn Alexanders II, starb. Dem jungen Großherzog wurde nebenan in der Kathedrale eine Kapelle gewidmet. Die Kathedrale mit ihren fünf Kuppeln ähnelt den beiden bedeutendsten Kirchen Moskaus, jener von *Iaroslaw* und der *St. Basilius Kirche*. Im Kircheninneren sind zahlreiche Ikonen zu bewundern. Das Ikonienbild mit dem *Erlöser* ist die Kopie einer alten Ikone aus der Kathedrale Mariä Himmelfahrt von Moskau.

Innenansicht der orthodoxen Kirche, errichtet 1913.

Die Ikonostasis ist eine Nachbildung des aus dem 17. Jahrhunderts stammenden Originals.

Notre Dame de Consume: Kopie eines Originals aus dem 15. Jahrhundert. Sich hinter der Ikonostasis befindlicher Altar; die Trennwand wird während der Messe geöffnet.

Zu Ehren Zarewitsch Nikolaus, ▶ Sohn Alexanders II., 1868 errichtete Kapelle: links - Verklärung, drei Apostel, Moses und Elias rechts - Hl. Jungfrau im Tempel; die dargestellten Heiligen verkörpern die Schutzheiligen der Regimenter, denen der Zarewitsch angehörte.

DER KARNEVAL

Zug der die Promenade entlangziehenden Karren.

Ausschnitte des färbigen und belebten Nizzer Karnevalss.

Der Karneval als städtische Einrichtung geht auf das Jahr 1539 zurück. Ursprünglich handelte es sich um ein Fest der verschiedenen Gesellschaftsschichten, bei dem jede soziale Gruppe ihren eigen Ball feierte. Im Laufe der Zeit entwickelte sich Nizza zu einem angesehenen Urlaubs- und Wohnort, und das Karnevalsfest wurde zur Gelegenheit des Zusammenkommens zwischen den verschiedenen Gesellschaftsschichten von Nizza und den begüterten, ausländischen Urlaubern. 1830 fand zum ersten Mal ein Umzug geschmückter Wagen statt, der von Blumen- und Zuckerwerkschlachten begleitet wurde. Die Anzahl der teilnehmenden Wagen erhöhte sich im Laufe der Zeit: waren es im Jahr 1854 nur 44 so konnte man 1860 schon 200 geschmückte Karren zählen. Von den Schlachten zwischen den Teilnehmern, die sich mit Süßwaren und Orangen, aber auch mit Gipskonfekt, Mehl oder Bohnen bewarfen, berichtet die lebhafte Schilderung eines bekannten Beobachters-Alphons Karrs. Dieser beschrieb 1854 den Karneval in Nizza wie folgt: "In der breiten, von Bäumen besetzten Straße wimmelt es von Fußgängern. Der größte Teil der Bevölkerung ist im Dominokostüm zu sehen. Die Fußgänger auf der Straße und jene hinter den Fenstern formen eine doppelte Wand, von der Süßwaren, Bohnen, Zurufe, mit Gips oder Ruß gefüllte Eier kommen, was vom verüberfahrenden Zug auf gleiche Weise zurückgegeben wird. Dieser Karneval wäre wesentlich eindrucksvoller, wenn es mehr Masken und weniger Bohnen gäbe"

FLUGHAFEN

Nizza ist nicht etwa eine Stadt, die nur von den Erinnerungen an seine glorreiche Vergangenheit lebt, sondern wußte sich eine gewisse Vitalität zu bewahren und sich zu einem Handelszentrum und zu einer regen Kulturstätte zu entwickeln. Der 1937 eingeweihte Flughafen von Nizza ist heute der zweitwichtigste Flugplatz Frankreichs. (Die Hauptstartbahn erreicht eine Länge von 3 km). Von der Oberterrasse kann man den wunderbaren Blick auf die Stadt und die Bucht von Nizza genießen.

Flughafen: Landepiste.

Außenansicht.

INHALT

Ein Blick zurück .... *Seite*	3
Das Panorama	5
La Promenade des Anglais	6
Hotel Negresco	10
Die Herrschaftlichen Wohnsitze	19
Museum Masséna	21
Rue Masséna	28
Place Masséna	29
Die Gärten Alberts I	30
Acropolis	35
Die Festung	37
Das Schiffsmuseum	40
Das Gefallenendenkmal	41
Der Hafen	41
Die Altstadt	44
Blumenmarkt	46
Palais Lascaris	48
Das Naturhistorische Museum	51
Die Weichtiergalerie	52
Das Austellungsgebäude	53
Kirche Notre-Dame und die Jesuitenkirche	53
Nationalmuseum Marc Chagall.....	55
CIMIEZ	60
- Die Thermen	60
- Das Amphitheater	61
- Notre-Dame de l'Annonciation ...	62
Archäologisches Museum (Museum Matisse)	67
Die Kirche Jeanne d'Arc	74
Das Museum "Vieux-Logis"	74
Museum Chéret	77
Die Orthodoxe Kirche	86
Der Karneval	92
Flughafen	94